Jardim de plurais
Alice Yumi Sakai

Jardim de Plurais
Alice Yumi Sakai

1ª edição, 2017 | São Paulo

LARANJA ● ORIGINAL

Prefácio

Todas as estações da alma

Esse olhar apaixonado pra tudo,
pessoas,
fatos, atos,
é o meu mundo.

Alice Yumi Sakai experimenta a vida e a arte pela paixão.

É poeta do sentir, sentir que arde. É poeta da crença, crença no encantamento do olhar. É poeta do coração à flor da pele e em chamas, sempre prestes a incendiar. Sente na alma as vibrações do desejo, é esponja de sensações, se deixa absorver pelos cheiros, pelas vozes, pelos jeitos de seres que passam, transpassam e ficam. Desejos tatuados nas vísceras.

Alice sempre mergulha na onda do amor.

Ela nada, se afoga, se salva, se molha, se abandona, se limpa, mas sempre mergulha da cabeça aos pés, sempre como da primeira vez, com desconfiança, mas com sede de viver. É assim que ela sente a vida e a arte, é assim que essas linhas se descrevem para nós: do mel ao fel, do céu ao inferno, do começo ao recomeço. E, no entanto, a alma de Alice sempre vive pronta e à espera de primaveras, janelas abertas para o mar, coragem de quem se testa e se usa, de quem cai inúmeras vezes nas rasteiras do destino e nesse jogo antigo chamado Amor. Só podia virar poesia.

É possível romper limites,
amar é romper limites,
é não desistir,
é resistir,
porque vai existir,
em algum lugar azul...

Tantas vezes ela se dilacera na tentativa de varrer os encantamentos de seus olhos, de podar os amores que crescem desgovernados e sem pouso. Quanta dor ela canta pelos sentimentos desperdiçados, quanta tristeza por um amor tão grande, forte, belo, resistente, guardado no peito, ramificado nas veias, esparramado no corpo e oferecido a olhos anestesiados e a corações que não sabem ser acolhida.

Ai se pudesse eu...
Arrancar de dentro do peito,
tudo o que ainda sinto,
por você que até meus sonhos invade,
enquanto durmo.

Mas o que importa? Se esse mesmo sentimento que tantas vezes não encontra terras férteis fora de si, pode continuar sendo e crescendo independente de tudo e apesar de...

Nas palavras dela: 'é preciso amar!'

Se por todas as dores passei,
encontrei muito mais além de você.
Algo que você nunca vai ter.
Algo que você nunca vai saber.
Algo que você nunca vai conhecer.
Só sabe do amor, quem sabe da dor.
Só sabe do amor, quem sabe amar,
é preciso amar!

Na poesia, Alice é por inteiro, na poesia cabe esse seu amor *mundi* e transcendental. Na poesia, os jardins são plurais e todas as estações da alma florescem e se materializam num livro pronto para nos arrebatar.

Seu nome é uma linda explosão de cores,
mundo de flores se abrindo.
Flor menina, na flor da idade,
a vida é bela nunca se esqueça.
Na vida, tristezas e alegrias vem e vão,
tudo passa... Só o amor não passa...

Clara Baccarin

Te amo como a planta que não floresce e leva
dentro de si, oculta a luz daquelas flores,
e graças a teu amor vive escuro em meu corpo
o apertado aroma que ascendeu da terra.

Pablo Neruda

Amanhã

Hoje, nada mais...
É o que coube dentro de tudo,
do que foi pleno um dia,
nesse jardim de plurais dos versos,
do amor que sentiu por mim.

Mas, também, nada é definitivo...
De final ou de esperanças,
em comum o recomeço,
é sempre o início de um novo ciclo.

Sentir o que sinto é sublime,
muito maior que eu é o meu amor...
É minha única certeza,
ele é forte e sabe esperar.

O verdadeiro amor que,
não se apaga com o tempo...

Amor da minha vida

As coisas não mudaram, eu sei,
sou eu que ando diferente.
Tenho sede e uma fome de viver.
Algo em mim mudou e foi você.
No meu pensamento
não tem mais espaço pra sofrimento,
agora é só você.
Você sabe do que eu preciso,
somos feitos da mesma matéria.
Eu sei do que você precisa,
somos "feitos da mesma argila".
Palavras de um "cara" que,
um dia viveu um grande amor,
como o meu e o seu.
Queria que fosse você
o amor pra minha vida inteira.
Infinito nesse momento,
infinito no desejo pra que sempre seja.
Queria que fosse você.
Seria o meu final feliz
e de toda minha incansável espera.

Artistas

Artista...
Andarilho solitário num mundo de reflexões.
Com a alma pra sentir e compreender,
traduzir sentimentos.
A sua Arte...
São portas,
possibilidades,
são sonhos de liberdade.

Autistas

Quase todo Autista é um Artista.
E o Artista,
quase sempre abstraído...

Cia. de amigos

Por onde juntos andamos,
ficam as lembranças vivas das pequenas histórias
que tornam grande a nossa vida.
Estamos indo juntos pelos caminhos,
pois ser, nós somos, e sempre seremos
companheiros de estrada.
Amigos a dividir a alegria das baladas,
ou na balada triste descrita na dor de mais uma desilusão.
Na letra escrita com rima ou sem rima de uma canção,
quem sabe se obra-prima? Ou um primo distante.
Isso não importa... O que importa é termos,
é sermos companheiros de estrada.
Pelos caminhos nas curvas debaixo de chuva,
na partida ou na chegada de mais um avião.
Estamos juntos nessa.
Dos pés a cabeça, onde bate o coração,
nos passos, nas mãos de mãos dadas.
De mãos dadas entre os encantos e desencantos,
no aconchego de abraços que reúne
e une os grandes amigos.

Cinzas

Ai se pudesse eu...
Arrancar de dentro do peito,
tudo o que ainda sinto
por você que até meus sonhos invade,
enquanto durmo.
Nunca vou conseguir entender
os seus repentes sem nexo.
Esse seu contraditório jeito de ser
confundiu a minha lógica.
Não precisava ter agido como se eu
fosse um nada ou ninguém.
Só fui alguém que te amou simplesmente.
Somente alguém que te amou muito e sinceramente.
Não precisava ter me deixado triste assim.
Eu sei, vai passar...
Fogueira sem lenha termina em cinzas.
E, como tudo na vida,
você também vai passar...

Crisântemos

De mal com a vida...
Mal estado, um mal-estar de apatia.
Na cabeça baixa,
o mal estado de um momento
que insiste em não passar,
o peso do pesar.
Indiscreto poema
era concreto o tijolo na testa,
no desmaio de delírios,
lírios brancos,
rosas desmaiadas.
Sete palmos,
sete vidas,
foram em vão...

Deixe ser

Esse olhar apaixonado pra tudo,
pessoas,
fatos, atos,
é o meu mundo...
Ando por aí pra saber um pouco mais,
até mesmo sobre mim.
São sentimentos que me fazem,
sentimentos que me levam pra tão perto de você.
Foi assim que parei e fiquei,
namorando você...
Uma,
duas,
por diversas vezes.
Adoro esse seu jeito.
E, pelas paixões que te movem,
não se importe,
deixa ser,
nunca deixe de ser você!
Não se importe,
não se torne igual...
Pateticamente condicionada,
como um cãozinho amestrado,
nesse circo de ilusões chamado mundo.
Não se comporte... Você é linda assim,
não mude nada!
E eu nunca vou deixar de te olhar,
com esse meu olhar,
apaixonado por você.

De repente

Pra dizer que me ama assim do nada, de repente,
você só pode estar carente!
Quando passar, você vai ficar indiferente de mim, eu sei.
Esse amor é só um invento...
Ah! Se fosse um filme,
eu queria sim que fosse realidade.
Que bom seria se fosse verdade.
Você mexeu comigo.
O meu dia todo é um pensamento a fugir,
já não sei mais de mim, de ficar só pensando em você.
Queria ser o pedaço que te falta,
aquele amor que te completa.
A dor de uma saudade que não passa.
Eu sabia desde o início, esse amor era só um invento.
Sabe...
Por um momento você me fez acreditar.
Eu que sempre sonhei com um amor chegando,
do nada e de repente pra não mais me deixar.
Por um momento sonhei,
por um momento acreditei...

Desejos

A distância não desbota o sentimento.
A saudade mantém viva o bem querer e
sem querer também uma tristeza das ausências.
Que bom seria se pudéssemos estar sempre perto
das pessoas que amamos.
A vida é um movimento constante...
Nasce no
D
E
S
E
J
O
De uma transformação.
Sonhos que vêm e nos levam
em busca de futuros melhores.
Você se foi para um país distante,
deixando muita saudade
e uma silenciosa casa vazia.
Mas a saudade é um sentimento saudável.
É a nostalgia de todas as coisas boas
que compartilhamos juntas um dia...

Dias de sol

Quando eu via,
sonhava o mundo de baixo pra cima,
tudo era grande e grandes eram as esperanças,
dias de sol...
Não sei bem onde,
ou por onde andei perdendo as grandes esperanças,
e comecei a viver de pequenas esperanças.
Deve ter sido naqueles dias cinzas.
Algumas nuvens no caminho,
a chuva fina caindo,
no frio dos dias sem sol.
Hoje estou no sono coletivo,
parcelando sonhos de caras tão iguais...
...E aquele olhar a foto congelou...
E hoje, a saudade é a resposta ao tempo,
foi tudo o que ficou...

...Ainda bem que sou artista...

É

Posso ter perdido a inocente fascinação
das promessas...
Mas não deixo de olhar a lua como sempre olhei.
De olhar em seus olhos
e sentir, como também nos meus,
a poética poesia.
A beleza de uma linda noite estrelada.
Essa é a natureza de um coração que
não se esquece do amor puro.
Aprendiz de sentimentos que não envelhecem,
reinventa a felicidade e se renova
mesmo quando triste está,
entre os desencontros que a vida traz.
Em saber deixar quem vive na incerteza do querer.
Essa certeza que tenho e trago comigo.
E, de repente... Você na minha vida.
Trazendo o mesmo doce sabor da cumplicidade,
na sensibilidade de saber reconhecer seu bem querer.
Essa certeza você a tem comigo.
Se nunca é tarde demais...
Então nunca é cedo também pra dizermos que é amor.
Ele fala mais alto, eu te amo!
Não dá pra calar.
Não é preciso explicar.
É Amor.

É assim

Se todas as minhas dores
são motivos dos risos teus,
ainda assim eu choro...
A sua frieza não me congela,
aquece, me aquece.
Se por todas as dores passei,
encontrei muito mais além de você.
Algo que você nunca vai ter.
Algo que você nunca vai saber.
Algo que você nunca vai conhecer.
Só sabe do amor, quem sabe da dor.
Só sabe do amor, quem sabe amar,
é preciso amar...
E isso, você não sabe.
A sua frieza não me congela, me aquece.
É assim que um coração se esquece,
é assim.
Não se brinca com amor...

Eu gosto de você

Posso sumir na correria dos dias.
E você nem lembrar que eu existo.
Não me importo...
Eu estarei sempre a pensar em você.
Nos dias de chuva sem o sol pra aquecer,
você é o meu sol.
A levar pra bem longe a melancolia.
Você nem aí comigo.
E eu aqui
a sonhar contigo.
Eu gosto de você...

Eu sei

Essa sua soberba convicção em cima de sua bela estampa,
não convence...
Mais do que os meus olhos possam ver, é sentir.
O que me encanta é ser você
muito mais que uma linda mulher.
Diferenças... Essa é a reação física dos opostos,
trai ideais, é além, muito mais forte
e que faz gerar essa nossa estranha atração.
Não é preciso entender...
É melhor não questionar as razões que levam um coração...
Seduzir não consiste em escravizar um coração,
mas, sim, libertá-lo.
Nessa guerra a melhor estratégia é dizer adeus,
adeus às armas.
Pois o amor é mais que isso.
A tática do amor é poesia,
quem segue o caminho pelas rimas
conhece as lendas da paixão...
Conquistar é fácil,
difícil é a arte de manter essa chama acesa.
O amanhã talvez não chegue se essa chama se apagar.
Dizer adeus, te ver partir? Não! Não quero!
Mas... Eu sei que se esse dia chegar,
mesmo que eu sussurre baixinho:
'não me deixe! Não me deixe!'
Eu sei que você vai me deixar,
até me ouvindo te pedindo pra ficar.
Eu sei que um dia você vai me deixar.
Eu sei...

Eu sou

Ouvir esse 'eu te amo' apaixonado,
declarado por você me faz sentir
completamente sua.
Sim, eu sou... E você é o meu amor.
Quero ser a causa da sua eufórica alegria.
Arrancar da sua boca o melhor elogio,
quando olha em meus olhos e me diz:
'quer casar comigo?'
Eu quero só você, amor,
quero ser o objeto do seu desejo
mal-intencionado,
percorrer o seu corpo inteiro,
num arrepio apaixonado.
Não precisa nem dizer
o quanto você me quer,
tudo o que você quiser eu sou.
Só pra você, meu Amor...

Eu te amo

Nada é estático,
tudo é movimento,
o universo conspira no exato momento...
Eu sempre soube que
em algum lugar te encontraria,
no meio de tudo e de todos,
só poderia ser você.
Que seria assim a outra metade de mim,
e eu de ti...
Ao teu lado cada dia que passa é passado,
é inspiração... Poemas confessos
dos dias felizes que
tenho vivido com você.
E o futuro por vir está no desejo de estar,
para compartilhar coisas simples do dia-a-dia
com sublime cumplicidade.
Juntos assim é a minha mão na tua,
de mãos dadas pela vida, eu e você.
Você é real,
meu ideal,
como tal,
é o meu Tao,
por onde sigo.
EU TE AMO!

Fim

Se um dia a desilusão por ironia te fez infeliz,
com certeza, posso dizer,
não foi porque assim eu quis...
Tudo o que fiz foi tentar te fazer feliz.
Eu só quis que o nosso amor
fosse o sonho do dia e da noite,
o nosso sonho por todos os dias.
Mas, hoje eu vi, o sonho acabou.
Hoje eu sei esse sonho nunca existiu.

... Foi apenas um sonho...

Foi assim

O sol é testemunha, adoro o seu sotaque,
um charme com um toque que é só seu,
faz você ser tão nordeste.
Não importa se é deste ou aquele lugar,
se daqui ou acolá.
Aqui estamos...
No marco zero,
na capital de tantas caras,
eu amo essa cidade!
Aqui estamos, eu e você...
Sentindo as batidas fortes no peito,
ouvindo o chamado, seguindo o mesmo destino,
pelo caminho do coração.
São coisas, razões do coração,
foi assim que te encontrei
e você a mim...

Hoje

Se nem mesmo existe um passado,
como pode acontecer assim?
Quando você apareceu nem prestei atenção.
Na minha distração você roubou meu coração,
prendeu e agora não quer mais me devolver.
Esse rebelde não me obedece mais,
se aperto ele grita, se solto ele chora.
Esse vadio ainda virou seu aliado
e se recusa a voltar pra mim.
Nessa contramão por onde
transita os meus sentimentos,
não encontro sentidos, cadê a minha razão?
Quero te deixar e não consigo.
Quando você ameaça ir embora,
somente 30 segundos são suficientes
pra sentir a falta que você me faz.
É, ame e dê vexame.
Mas, eu sei que você me quer por perto
a rondar seu coração...
Do seu também fui o ladrão.
Que estranha alquimia é essa
que despreza conceitos,
passa por cima de qualquer preconceito
e segue suas próprias leis?
Hoje, não é preciso questionar passado e nem futuro
porque hoje o tempo parou...
Hoje... Só hoje...

Inversos

Tudo em ti conspira,
tudo em mim se refaz,
tudo o que preciso
você me alimenta...
Nada mais importa,
tudo o que não posso,
não existe, se desfaz,
solidão não tem espaço...

Pode ser estranho até,
mas é exato como um relógio,
na medida do possível,
de fato, amor existe...

O que me importa você sente,
tudo em mim inspira,
o que mais importa você sabe,
eu sinto...

Se você está comigo,
nada mais importa,
tudo o que eu não posso não existe.

Fato é
o amor que existe.
Nada mais...

Love story

Existem 'leis' que regem o Universo.
Nascem de um Desejo, puro na Essência
e forte no Pensamento
que fazem tudo ser Movimento.

O Céu é o Limite.
Uma linda Noite Estrelada,
a Lua como testemunha de um Encontro Especial.

Duas Vidas, dois Destinos,
unidos na sintonia do Amor.

Que seria de mim se não fosse você e o seu amor?

Foi Deus que não me quis ver triste e me mandou você.
Chegou chegando pra me conquistar,
nem me deu tempo de parar pra pensar...
Pensar pra quê?

Se o que eu sinto é mais forte,
pensar só em você a todo instante.
Linda! Mais que Musa é uma Deusa Guerreira
que só quer me fazer feliz.
E eu a você.

Eu resistir?
Irresistível é esse seu jeito de:
'vou te conquistar!'.
Uma piscada sua faz a fila do cinema virar a esquina.
Só para ver você, a Estrela que eu quero só minha.
Meu amor, você é o filme da minha vida.
Em cartaz dentro do meu coração.
Amor: I Love You!!

Letícia

Antes mesmo das palavras
o que chega é uma emoção,
um arrepio que enche o meu peito de orgulho.
O tempo passou.
Hoje você já é uma mulher,
sem perder ainda aquele seu jeitinho meigo
e açucarado de algodãozinho doce.
Mantém a magia e o encantamento,
a essência do jardim florido da velha infância.
Ali onde é tão simples ser feliz.
Só pode ser o 'pequeno príncipe',
a inspirar você, princesa!
O castelo pode ser de areia, frágil e sem duração.
Frágil, e no entanto, lindo de se ver.
Só pela fantasia que nos faz viver.
Lindo como é essa sua alegria estampada,
no seu sorriso de felicidade.
Você que nasceu de um desejo,
uma boneca de pano,
brincadeira de menina.
Foi assim que surgiu o seu nome.
Um carinhoso gesto de mãe.
Foi ela quem escolheu
pra você ser Letícia, vaticínio de felicidade.
Desejo pra anos mais tarde
ser transformado em realidade.
Não tem importância alguma
o castelo ser de areia.
O verdadeiro amor também mora na simplicidade.

E você sabe que este é o caminho certo
para a sua felicidade.
Não me esqueço daquela cena,
o aceno triste de despedida.
Quis o destino uma separação.
O tempo passou e hoje você já é uma mulher.
A distância só faz aumentar a saudade que sinto.
Saudade que não diminui o bem querer
de estar sempre torcendo muito!
Muito! Por você, Princesa!!!

Mais uma vez

É ilusão acreditar,
não posso mais,
não quero mais.

Até a esperança está agora a me machucar.
Não! Não quero mais.

É sentir que tudo é mentira,
é sentir que me engano mais uma vez.
É um aperto no peito.

Dói, dói como a saudade de um tempo
que nunca mais vai retornar.

E o que fazer com tudo isso que sinto?
O que fazer desse amor mais uma vez?

Mais uma vez...

... Quase fui feliz...

Mariana

O amor é como o mar,
imenso...
E sempre estamos em busca desse mar,
imenso amor...
Encontrei o mar,
amor imenso amar...
Amar o mar, amo...
Mas, muito maior que o mar
é o meu amor por ti,
Mariana...
Meu céu...
Meu mar...
Amor,
meu grande amor...

Meu jeito

Não vou negar o quanto gosto
desse seu jeito de gostar de mim.
Como quando você me olha e me chama de 'vida'.
Por você eu me deixo...
Eu me perco e me pego com o pensamento
só em você, meu doce desejo.
Você me prendeu.
E eu quero te libertar...
Ser, quem sabe,
a razão acima do medo
a que te faz voar.
Livre pra viver com intensidade
todas as suas verdades.
Quero que o seu sorriso seja constante,
muito mais e melhor do que era antes.
Não importa se o mundo continuará igual.
O que me importa é te ver contente,
com um brilho diferente no olhar.
Mesmo que diariamente,
será único...
Pois, cada momento com você,
para mim é importante.
Não me canso de você,
não me canso de dizer que amo você!
Quero te fazer feliz.
Esse é o meu jeito de gostar de você...

More

Querer-te,
somente não basta...
Querer-te,
simplesmente não te prende a mim...
Tem que ter coragem,
querer-te além,
além do bem, além do mal...
Deixar-te de corpo e alma livres,
a liberdade no sorriso leve de estar feliz
por estar comigo...
Querer-te
é saber que só se prende alguém assim.
Querer-te
é saber te prender em mim...

Nascemos um para o outro

Cumplicidade é um pacto.
Marca do companheirismo em querer dividir,
de sonharmos juntos o mesmo sonho.
Um sentimento que não se compara a nada,
por ser ele único.
E que, no entanto,
é capaz de tudo.
Quando perdi as ilusões,
vi todas as cores fugirem de mim.
Foi você que trouxe de volta
um bem querer eternizado em cada gesto.
Leal como deve ser.
Muito sincero é o que somos eu e você.
Não existe nada melhor que ouvir a sua risada,
sentir toda essa alegria ecoar dentro de mim.
Eu tenho certeza...
Sorte é ter encontrado
um grande Amor como você!

Nem tudo passa

Girar, em cada movimento te encontrar,
cada vez mais perto, no meu universo,
dentro dos meus versos.

Essa saudade é uma ternura antiga,
esculpida pelo tempo.
Nem tudo passa...
Nem o tempo
e nem o vento leva,
amor é para sempre.

Para onde você for eu quero ir,
eu quero estar,
sol dos meus dias dourados
que faz-me sentir assim,
novamente feliz

Nem tudo passa...
Amor é para sempre...

Novas rimas

Fim não é rima fácil...
Explicar o final de um amor
é como justificar por que foi que morreu.
Só se sabe que fato é fato
e como um fado foi um triste destino.

Prevalece nas dores,
sem cores a vida fica,
sem sabores a vida está.

A vida fica e o tempo passa,
vai embora sem esperar...

Desumana fraqueza em ser levado pelo sentimento,
até cair no raso chão arrasado
e ficar ali estatelado.
Estatelado...

Até sentir uma hora ou duas,
três talvez,
uma mão na sua a te levantar.

Agora, já não importa mais.
A dor passou, se foi...
Com a chegada inesperada das mãos,
nas cores,
nos sabores,
nos braços de um novo amor...

Nuvens

Tantos dias subtraídos
sem cores ou sabores,
somam em perdas,
pesam os danos...

Tantos dias subtraídos
ausentes de vida,
são dias para tentar esquecer...

Tempo ao tempo é preciso...
É preciso dar espaço,
no silêncio encontrar a paz...

Enquanto isso, entre o vem e vai,
entre o vão de um pensamento e outro,
vi o sol refletir,
senti o seu calor aquecer...

Enquanto penso, a vida passa,
sem pressa.
E sempre há tempo.
Tempo de voltar a viver...

O ciclo

São várias e variáveis vidas
vivendo em uma só vida.
De um ciclo que vai se fechando
e de um outro começando.
Se existe movimento
é porque existe um sentimento.
Eu que andava triste nem imaginava,
era você que estava faltando.
Esse seu jeito que encanta tanto,
e a tantos tão naturalmente,
me encantou também.
Eu que andava triste nem imaginava,
era você que estava faltando.
Com você agora
o meu mundo está completo.

O nosso amor

Sábia é a resignação,
é aprender humildade.
O amor é a prova
do quanto nós somos fortes e temos valor.
Está na atitude diante dos fatos,
discernimento, sensatez,
é claridade diante do caos.
Traduzi-lo...
é prática constante,
amadurecimento,
na superação da dor e do cansaço.
E quando todas as respostas nos conduzem
ao pessimismo oportunista,
o vitorioso encontro na harmonia da paz.
Amar ao próximo...
Está nos laços,
unidos na alegria ou na tristeza,
fortalecidos na saúde ou na doença.
É simplesmente AMOR.
Dando sentido às nossas vidas.
Se imenso,
está na paciência,
do cuidado em cuidar que
não questiona o tempo...
... Cuide bem do seu amor...

O que me faz feliz

Na frágil intenção tantas coisas ficam.
No pensamento o lamento,
rascunho rabiscado dos gestos,
congelados pelo tempo.
Mais do que os dizeres,
atos, estes sim falam,
não calam, por isso eu escrevo.
Descrevo em poesia um pouco de ti,
um pouco de mim,
essa história que é de nós dois.
Você me faz assim...
Ter coragem, encarar o medo,
e andar pelo delicado território dos sentimentos
que povoam o meu coração.
Como é bom estar ao seu lado,
ter o carinho do seu cuidado.
Ser a causa do seu sorriso.
O que me faz feliz é te ver sorrir.
Então venha!
Vamos juntos viver sob as estrelas,
debaixo deste céu nos proteger.
Quantas histórias passam.
Nem mesmo esperam amanhecer.
Gostaria que você ficasse,
para ver comigo o sol nascer.

Passos lentos

Os pés... Os pés nos sapatos,
entre os altos e baixos das fases passando
há um passado a ser contado, mas,
quem há de ouvir?
Os pés cansados...
Lentamente caminham e a distância
alongando feito a sombra,
a cada dia mais distante vai ficando.
Os pés não acompanham...
O corre, corre da corrida dos pés apressados
que não têm tempo de esperar,
há uma vida inteira pela frente pra ser vivida.
Olhos cansados passeiam sob as lentes grossas,
são para longe e para perto,
detalhe que pouco importa,
pois pouco eles enxergam...
No olhar se calam, não falam,
nem ouvem, só ressentem.
Os pés... Os pés cansados,
arrastam num melancólico esforço,
aumentando o desconforto,
descompasso de um tempo que passou
trazendo solidão.
É uma vida inteira que ficou para trás.
Os pés cansados hoje
precisam de outros braços.

A paciência do amor...

Primavera

Menina...
O temperamento forte, suave sabor picante.
Mas sabe a medida exata do amor,
no seu delicado cuidado em cuidar.
O seu amor sabe dar em atitude,
em você é uma grande virtude.

Seu nome é uma linda explosão de cores,
mundo de flores se abrindo.
Flor menina, na flor da idade,
a vida é bela nunca se esqueça.
Na vida, tristezas e alegrias vem e vão,
tudo passa.
Só o amor não passa...

E o mais importante não é ser amado,
é saber amar e isso você sabe,
não foi preciso te ensinar.

Flor menina,
a vida é bela,
nunca se esqueça...

Princesa

Não é possível ficar indiferente
a esse seu corpo dourado.
Quanta perfeição das curvas
que contornam essa beleza morena,
é pura sedução.
Não tem como parar de te olhar,
só pra te ver passar, você é linda demais!
Olha pra mim!
Olhos cor de mel, quase verde como o mar.
O que é que essa baiana tem?
Tem a pele dourada, é loiro mel os cabelos seus,
a malícia, o tempero e o temperamento
de mandar e desmandar.
É a mistura exótica da mulher brasileira.
Ela é da Barra, ela é da Bahia.
É o sol, é o mar, é a alegria de viver.
O seu olhar é de desdém.
Olha pra tudo e pra ninguém,
será que o seu coração é de alguém?
Será?
Eu sei responder.
Eu sei que o meu é só de você.
Ele é só de você...

Prisões

Em quantas pequenas armadilhas caímos...
Nas pequenas ciladas,
elaboradas formas de aprisionar em nome do amor.
Conscientes?
Nem tanto...
Quem sabe se vaidade?
Talvez...
São sutilezas que fazem parte da anatomia,
de um furto emocional de um corpo.
Da alma,
de um coração indefeso.
Somam nas perdas e nos danos,
sem asas pra voar, sem sonhos pra partir.
É preciso voltar...
Voltar a viver...
Voltar a ser feliz...
Ser como a gaivota, leve e flutuar,
às vezes no peso, às vezes na leveza.
É solitário o voo nas asas da liberdade
onde VIVER É UMA ARTE.
E arte é princípio,
é ofício da liberdade sem fim.
E muito acima de qualquer artifício,
o AMOR é o sonho de liberdade.
E são precisos sonhos pra poder partir...

Quanto

Um dia nasceu um sentimento
que pode ser ainda indefinido talvez.
Algo que parece ser frágil pra se sustentar no tempo.
E que o vento brinca querendo espalhar.

Quantas razões podem existir pra se justificar
por que não se deveria insistir?
Mas é um único motivo que não me faz desistir de você:
é o quanto.

A minha ideia de felicidade não está onde eu pensava.
Ela está é no meu jeito de te olhar.
De como quando te vejo adormecer tranquilamente,
envolvida apenas no meu abraço.

De estar você todo o dia em meus pensamentos.
Na saudade que começa muito antes de me despedir,
naquela mesma estação que sempre te espero chegar.
É parar pra se pensar.

Parar pra não perder tudo isso por tão pouco.
Não faz tanto tempo pra se falar qualquer coisa, eu sei.
Mas é o suficiente pra te dizer o quanto
você já é especial para mim.

Eu apenas queria que você soubesse
o quanto eu gosto de você...

Quase

Aprendi a voar na solidão,
atravessar a escuridão das minhas dores.
Dos amores que não vingaram,
aquela felicidade esperançada,
despedaçados diante da fatalidade de um 'quase'.
... Um dia você sumiu sem dizer nada...
Fiquei sem chão.
E eu me 'atirei' no abismo,
num quase suicídio,
infantil como uma criança,
só pra chamar sua atenção.
Você fugiu.
Nem sei dizer se de mim ou de você (?)
Eu que nunca consegui ser de ninguém,
pra você entreguei o meu coração...
... Eu sei que posso mudar o meu destino...
Posso esquecer tudo o que você me disse,
esquecer que um dia acreditei ser você
o amor da minha vida.
Esquecer que foi tudo uma mentira,
que você cansou da brincadeira.
Foi talvez, quem sabe (?)
Só um capricho de uma vaidade sacana.
Ainda prefiro acreditar
que pra você faltou coragem de ser grande.
A coragem de sair da mediocridade
de uma vida falsa e torná-la verdadeira.
Eu que nem sou triste, fiquei prisioneira da melancolia.
Passei madrugadas até fechar esse livro.
Parei de questionar pra não enlouquecer.

E fiz uma escolha:
entre um 'quase' que fui feliz,
escolhi um 'quase' que fui infeliz.
Aprendi a me preservar e não perder a alegria
que eu tenho de viver.
Sofrer por sofrer não faz sentido,
é um sacrifício sem fundamento.
Eu viveria com muito pouco por amor.
A fome que eu sempre quero ter é a fome de viver.
O meu destino eu sei, a minha escolha é ser feliz...

Quase verde

O que é lindo em você é uma beleza agreste,
esse quase verde, verde-mel desses olhos teus.

O Sol é seu guia,
nesse voo na velocidade da luz
pela via cheia de estrelas,
na paixão que te leva onde a lua leve flutua.

Não duvide nunca.
Se foi o seu desejo,
escutei o seu chamado.
Não duvide nunca.
Não adivinhe quanto,
pois você não sabe ainda.

Nessa sua travessia,
parei só pra te ver passar, passarinho.
Voe! Mas volte no próximo verão.
Se foi o seu desejo,
escutei o seu chamado.
E o tempo vai te dizer quanto,
o quanto eu amo você...

Quem ama...

Quem ama cuida, protege.
Quem ama está protegido, é protegido do amor.
Quem ama se machuca.
Quem ama aguenta, aguenta até os maus tratos,
quem ama não fala mal, só quer o bem.
Quem ama sabe o que é sofrer.
Quem ama não mede sacrifícios por amor,
mas quem ama cuida.
Quem ama, ama e sabe que gostar ainda não é amar.
Quem ama não sabe de nada,
mas sabe tudo o que espera do amor.
Quem ama espera.
É a paciência do amor, é puro, é prazer.
Quem ama espera... Mas, só o tempo certo,
pois quem ama também se cansa.
Quem ama não tem medo.
Medo de ser livre, livre, pra ser feliz.
Quem ama um dia perde o medo,
não tem mais medo de ir embora.
Quem sabe um dia ele volte,
quem sabe?
Quem ama cuida.
Mas, quem ama também precisa ser cuidado...

Quem diria?

Quem poderia imaginar?
Em navegar pela rede
na inteligência da consciência virtual.
No silêncio sem sons,
só na intuição, seguir nas batidas,
no toque de dois corações.
Foram milhares de milhas até encontrar.
Terra à vista!
Quem diria!
Encontrei sua ilha!
Quem poderia imaginar!
Você existe! Meu amor, você existe!
Eu posso te ver, te tocar, te sentir me abraçar.
Você existe meu amor, você existe!
Não vou deixar, não vai passar.
É um querer assim,
hoje muito mais, cada vez mais,
não é preciso explicar,
eu sei que você sabe.
É o amor que está...
Está aqui para ficar
E não vai passar,
eu sei que você sabe.
Não vai passar...

Queria te dizer

Queria te falar simplesmente,
sem te agredir tão somente.
É que por vezes sangro,
quando cinza estou
nas dores do amor.

Queria te dizer,
desistir me parece estranho.
É como não estar nos meus planos,
eu sei que não quer.

Sei que não me quer tão longe assim.
Sei que me quer por perto,
a rondar seu coração,
eu sei que me quer assim.

Queria te dizer que,
EU TE AMO!

Revés

Se puder eu evito,
na sua cidade não volto mais.
O meu olhar de tristeza até hoje anda por aí,
tão perdido como ficou naquele dia.
Se eu voltar, eu sei que vou reencontrar
aquele mesmo olhar em meu olhar.
Não! Não quero! Nessa cidade não volto mais.
Foi assim que tudo terminou...
Triste como tudo que não é desejado.
E você sequer se despediu,
nem me disse adeus.
Não faz mal, não gosto mesmo de despedidas.

Faz tanto tempo... Nunca mais te vi.

Se por acaso algum dia eu voltar,
só vai ser pra ser feliz.
Mas isso eu sei, não vai acontecer.
Porque o meu amor partiu,
ele se despediu de você naquele dia,
foi embora para sempre.
E você nem me disse adeus...

Segredo

Eu sabia que em algum lugar te encontraria
pra fazer sonhar poetas como eu.
Ser capaz de deixar um olhar perdido
e apaixonado por você.
Tu és a mais bela flor dos meus sonhos.
Também pudera,
a sua alma tem um pouco da essência de todas elas.
A sua perfeita simetria
só pode ter algo do grande arquiteto lá de cima.
Você nem sabe e está sempre comigo.
Você nem sabe e é tudo o que eu preciso.
O seu nome é Sonho.
A Heroína de todas as histórias do meu imaginário.
É você que me faz viver.
Você é o meu segredo,
o que vou levar comigo
de todas as coisas lindas que eu vivo...

Sentidos

Sentidos...
Ouvidos atentos seguem a trilha do som,
é música que traz a poesia.
Sentidos...
Sentido no riso
é teu cheiro, é meu jeito de te olhar.
Sentidos...
Eu paro, não falo e me calo,
só me rendo quando sinto a pele arrepiar.
Tudo são sentidos...
É intenso,
imenso, é profundo,
bem lá no fundo,
isso é que é lindo!
Tudo são sentidos,
e tudo faz sentido...

... Com você perco os sentidos,
faz sentido...

Simplesmente

São coisas simples que te fazem
completamente, totalmente,
inteiramente, ser mais que somente
alguém na multidão.

Que me fazem querer-te assim,
de te querer um querer,
mais que bem querer,
cada vez mais.

Meus olhos podem ver
algo que não dá pra esquecer,
é o teu sorriso de quando eu te beijo,
é um bem estar, de se estar feliz,
de estar comigo.

Vou sempre lembrar em cada beijo,
não dá pra esquecer,
de sentir o teu beijo.
Você me faz tão bem,
meu bem, e me quer bem também.

É um querer mais que bem querer,
quero-te, sorrindo sempre assim...

Só

Andei distante, ausente de mim.
Vagando só envolvida em pensamentos,
andei até reencontrar o caminho de volta,
nesse labirinto de sentimentos.
E na miragem de um oásis.
Era apenas o deserto,
foi só mais uma desilusão.
Não vai me fazer parar de sonhar.
Acreditar é o que faz a vida valer,
acreditar e não se deixar levar é ir ao encontro.
Exorcizar o veneno é preciso,
sangrar o veneno é preciso,
antes isso a morrer por falta de amor.
Foi apenas mais uma desilusão.
Não vai me fazer parar de sonhar,
viver e amar.

Stand by

Eu sei que pareço um disco pulando,
repetindo, repetindo a mesma faixa,
a mesma frase sempre,
é que não me canso de falar,
de repetir tanto,
de dizer o quanto
eu te amo, te amo, te amo!!!
Foi você que me convenceu,
foi você que me ensinou,
foi você que me acostumou,
acostumou mal e me deixou...
Foi embora e eu fiquei,
fui atrás e você quase voltou...
Mas, o que eu queria saber
você me disse e eu gostei...
eu sempre serei,
que bom é ser o seu amor.
Eu te amo, te quero,
te espero...

Um

Sozinho não existe.
Amor de um não soma dois, sozinho.
Se um dia foi inteiro,
hoje não mais.
A melodia não esconde a melancolia,
no reticente compasso da garoa fina caindo...
Despedindo-se,
foi embora mais um verão.
São tristes os dias de uma alma solitária
a sentir o frio que chegou.
Vazio de um tempo que não completa mais.
... Cem anos passados...
Nada mais restou,
senão a velha história de um amor,
que um dia foi só de nós dois...

p.s. Não dá pra esquecer um grande amor.

Uma estrela

O tempo não para, mas,
não cala a sua voz.
O tempo não para, mas,
não te leva.
O som atravessa
e a sua voz traz à tona,
o seu tom é de poesia.
A voz com alma não acalma, inflama.
A sua voz tinha alma.
Intensa.
Ao cantar navegou
por todas as cores da emoção,
você é música.
Quem te viu forte,
quem te ouviu pura sensibilidade,
sabe que hoje é dia de sentir saudades,
saudades de Elis...

Um querer

Queria um dia,
queria uma hora
saber o que foi feito do sonho.
Das batidas intensas no peito
que romperam o silêncio das noites
e dos meus dias de monotonia.
Eram baladas,
na escala musical das taças quebradas,
nos tremores das mãos suadas,
em mim você fez explosão.
O tempo que te levou por ausência
é o mesmo que te traz ao presente,
tudo o que ficou é poesia.
Queria hoje,
queria uma hora te encontrar por acaso,
como te encontrei um dia...

Abajur

Viver a vida envolvido
e envolvendo gentis,
papel multicor,
ator alegria,
ator tristeza,
cores da emoção.
Remonta, transforma,
desperta sonhos.
Mágico olhar, fantasia.
D. Quixote dos palcos vários,
romântico ser.
Ser ou não ser?!
Sabemos!
Já nasceu artista!

Abstração

Desde que meus olhos perceberam teu ser,
vivem brincando de correr olhos a buscar,
o teu olhar.
Pouco importa se é vertigem,
doce engano,
navegar,
eu preciso desse mar.
É arte,
mergulho da razão,
abstrato encantamento,
sentir...

E agora um de repente

Ser bom aos olhos dos outros é uma coisa;
ser bom aos olhos de Deus?
Só Deus é quem sabe...
Já vi mais generosidade na atitude de uma prostituta
do que nos olhares de quem a julga sem piedade.
Ser bom é ser bobo.
É o que faz parecer nesse mundo de gente embusteira.
Que não engana a ninguém a não ser a si mesma.

E que Deus nos ilumine,
pois o Sol nasceu para todos;
só não somos perfeitos como ele é.
Mas ser bom não é ser bobo.
É usar filtro solar para não se queimar demais
no bronzeado da mediocridade.
E por que não sonhar com um mundo melhor,
no corpo e na alma,
nesse paraíso chamado Terra?!

Alma

Abstrato sentir que não se define com palavras.
De sentir uma saudade imensa,
intensa, vaga memória remota no tempo
que remonta um tempo,
de quanto fui feliz ao lado de alguém.
Eu sou só de você.
Esse tempo que cultuo nas vidas que vivo,
até poder sentir novamente esse alguém
junto de mim.
Eu sou muito só sem você.
O amor eterno sempre deixa marcas,
vestígios, um desejo,
uma sensação de que vai voltar, sempre vai ser,
sempre vai estar a nos esperar.
Eu sou só de você,
e você, só de mim,
somos dois a sentir a mesma saudade.
Somos dois.
E quando separados não somos ninguém.
Já foi escrito há tanto tempo,
e o vento nunca levou.
O nosso destino é sermos eternamente um,
um grande amor...

p.s. Gêmea...

Almas paralelas

Mar,
nau à deriva...
Amar,
domínio do abstrato céu,
vertigem na solidão do mar...
Alheamento em viver,
em uma estranha sincronia equidistante...
Amar,
curvatura do desejo,
onde almas paralelas se encontram,
onde os olhos não alcançam...
É o horizonte a aproximar,
o abstrato céu e o solitário mar...
É possível romper limites,
amar é romper limites,
é não desistir,
é resistir,
porque vai existir,
em algum lugar azul...

Amor inventado

Amar justifica atos, todos
... E todos os delírios...
Seu silêncio explica e constato é fato,
insensível gélido iceberg, alma glacial,
vazia me deixou.
Inverno cinzento prematuro,
interrompeu curso,
discurso poético,
um pregar no deserto e de esperanças vãs.
Rio que não chega nunca ao mar
do amor tão desejado,
sonhos adiados.
Sinto frio, mas
é preciso sobreviver,
até chegar a viver,
ver o sol, sentir seu calor me aquecer.
E assim esquecer o desejo,
o beijo de um amor inventado,
mas sei sem culpados, pois,
afinal, simplesmente nada aconteceu.

P.S. Foi um delírio febril...

Arco-íris

Teus olhos verdes
têm a sensibilidade profunda das emoções sinceras,
pulsam vida, palpitam em vermelho.
Meu ser sente hoje o pesar pelo ontem,
fase minguante, um estar tristeza,
oscilam nas cores frias da desilusão.
Inverno se despedindo dos cinzas,
das cinzas da melancolia,
mudança de estação,
primavera, ouço música,
nova trilha, trilha sonora.
Novo ritmo invade,
é o sol a gerar, é o sol a girar,
em tons amarelos.
Arte do encontro, encontro da Arte,
ouço a fala meiga,
de um anjo que me guarda, ameniza,
suaviza um desencontro desconcertante.
Esperanças renascem, ganhei o azul do céu,
sustentam o voo leve, asas do meu desejo.
Pairam,
sobre o jardim de plurais
dos meus versos, as flores,
com todas as cores das emoções,
as cores de um arco-íris.

p.s. Acredito em anjos...

Arte

Criar,
brincar de inventar,
fazer de conta e contar,
a fábula.
Colocando em pé,
o que era sem pé,
traduzir a emoção,
razão do coração
com alma.

Arte em ser

Comer, beber, respirar,
inspirar Arte.
Música, moda, literatura,
releitura contemporânea,
moderna Arte...
Sem limite tudo permite,
atravessar mundos,
circular por entre sóis e luas
sem carimbar vistos,
entradas e saídas sem bandeiras.
Vadiar é Arte...
Não cabe em si de tão grande,
explode e expande em Arte,
ser e estar, ser um fascinante ser,
seu modo de ser é Arte...
Um trash, um clássico, obra prima,
cinema sétima Arte...
Incondicional amor, é viver com Arte,
insustentável leveza,
Arte em ser,
em ser assim...

As árvores

Brotam folhas novas,
pipocam flores coloridas,
frutificam.
Caem sementes,
caem folhas,
ficam nuas e sem vida,
até renascerem
num compasso perfeito.
Quem será maestro?!
Primavera,
verão,
outono,
inverno,
silenciosamente se expressam,
e têm os pés no chão,
será que sonham?!

Bela da noite

Você é linda.
Sua beleza transpassa, vai além.
Tal qual o seu olhar muitas vezes distante,
perdido no infinito e, quero crer,
no infinito onde habita todo o amor,
que é esse meu amor por você.
Perdidos no infinito.
Foragidos, incomunicáveis e abstraídos,
feito os retalhos dos nossos diálogos fragmentados,
um mar de ocultos sentimentos,
onde guarda uma pérola rara.
Silenciosamente aprecio você, minha bela paisagem,
já faço parte, é você em mim.
Mundos, submundos submersos vêm à tona,
subentendidos na nossa quase
imperceptível linguagem.
Frágil flor,
esperança do amor que não se entrega,
de alguém que não perdeu o caminho
seguindo as estrelas,
embora cegos de paixão.
Um andar trêmulo por entre abismos e buracos negros,
no avançar decrescendo e clareando em cinzas,
até chegar a brancos e finalmente brandos
nesse aprendizado da disciplina,
de um aprendiz do amor...

Bonsai

Sobrevivência
é Arte,
rompe limites,
espaço,
escasso,
imposto...

Na medida,
sabedoria,
equilíbrio,
minúscula escultura,
do tempo
e espaço.

Borboletas

As cores vibram,
há cores,
alegres tons encantam,
há flores.
Brilham os olhos,
alvo é o sorriso.
Leve é a alma.
Em suaves voos,
sublimes borboletas,
o alvo?!
Singelas margaridas,
que simples é a vida.

Cena I

Clique,
clichês repetitivos,
olhar vago,
vaga noite...
Num segundo sintonia,
congelo cenas,
sem querer
percebo seu ser em sintonia.
Um belo poema urbano,
asas ao desejo,
de um beijo
teu...

Cores extintas

Cinza,
preto,
óleo,
olhos no mar,
homem e o mar,
morto...

Baleias,
peixes,
flashes,
hora verde mar,
hora mar azul,
escureceu...
... É dia...

Crime

Sem terra,
por terra,
há guerra.
Velho vício,
a vaidade...
Olho,
homens,
mulheres
e crianças...
Olho,
há velas acesas...
Olho,
há valas cheias...
Eram vidas...

Crônica de uma saudade

Menina séria, te faço sorrir,
é bom demais te fazer, te sentir feliz.
Menina séria, sou o seu avesso e no avesso,
sou o seu direito, direito de amar.
Eu sou só de você.
Literatura poética escrita em imagens,
na transparência precisa estamos felizes.
Um sonho ideal,
real, capturado nos cliques que revelam
as cenas em rimas,
na poesia de um grande amor.
Eu sou só de você.
Sempre estive à espera,
sempre te esperei.
Na espera a distância dos anos se foi
e finalmente você chegou.
As horas que nos separam hoje,
obstáculos na sutil forma das obrigações,
são os quilômetros que alimentam a saudade.
Eu me sinto muito só sem você.
O amor em espera desespera,
somos dois a sentir a mesma saudade.
Saudade... Saudade que maltrata,
mas que também retrata na dor, que o amor existe.
É tanto amor que chega a doer.
É tanto amor, essa saudade é que me deixa triste.
É tanto amor que te faz chorar de tanta saudade.
Menina séria, sem querer até te faço sofrer.

p.s. Me perdoa?!

Deserto

Amo o deserto, só por ser deserto,
com todo o seu silêncio e solidão.
Sou como ele, ninguém além de mim,
nele os pensamentos são só meus.
Desertos,
vagueio por muitos
e sinto do outro lado povoado,
o tédio da chatice,
o tédio da mesmice, e invejo.
Antes não fossem para mim,
chatices ou mesmices,
assim eu seria feliz, como eles.
Ou será que são meus olhos,
que veem essa felicidade?!
Ao menos me enganam bem,
mas deve ser,
porque sinto que são
o que deveria eu sentir e não sinto.
...Gostaria de viver um grande engano...
Pedi a estrela e ela me trouxe,
porque no deserto as estrelas são só minhas,
pois sou eu seu único habitante.
Foi em um dia,
em que nem o novo era mais novidade,
caiu do céu uma estrela.
Não era mais só o meu deserto,
nem eram mais meus os pensamentos.
Vivi um grande engano
e até fui feliz.

Uma estrela veio de muito longe,
se apagou no céu e clareou a noite do deserto,
que seria como tantas iguais,
que se passaram.
E o que fez essa estrela cair?!
... Foi o seu desejo...
... Foi o meu desejo...
Em ver e viver de perto,
sentir que a distância não existe,
na linguagem do amor.
No céu ela também estava cansada
do tédio da mesmice,
do tédio da chatice.
Ela sabe que encontrou
o seu desejo.
O meu desejo.
O amor.
Grande enganador...

p.s. Um pequeno conto de um encantamento

Dancer in the dark

Das celas
de uma prisão,
pares de olhos
fogem
nas asas do desejo
e sonham
dançando na
escuridão...

P.S. BJÖRK

Ecologia

Eco do
consumo
é
Lixo...
Lixo...
Lixo...
Lixo...

Dois

Por acaso?! Não! Não é acaso, é destino,
foi promessa.
Prometemos nos reencontrar,
como foram em outras vidas que vivemos.
Nosso amor é assim...
Será sempre, para sempre,
eternamente declarado, esculpido com poesia.
Somos dois.
Com uma essência ainda pura sabor da natureza,
beijos salgados gosto de mar, quem é do mar,
não enjoa.
Calmo e suave como o brilho do luar,
que é esse meu jeito doce de te olhar,
o mar fica mais belo com o luar.
Por um encanto, encanto da Arte
o belo adormeceu.
Na busca não há distância que nos separe,
é avesso ao tempo, atravessa por mundos, fronteiras,
entradas e saídas sem bandeiras.
O amor aproxima, combina como nas rimas,
no livro da vida está descrito, escrito nas entrelinhas,
bem no meio da via, ciclovia, rodovia da via láctea.
Na Arte do reencontro, um beijo.
Dois.
Desperta, acende a chama,
explode em erupção lavas ardentes do antigo vulcão.
No amor somos aprendizes, não há regras nem limites,
sentidos apenas...
Soul do Amor, soul do Mar, soul da Lua,
soul da Terra, soul do Sol, soul do Dia, soul da Noite...

Hoje à noite a Lua é cheia, cheia de amor.
E mesmo que a morte venha e sorrateiramente nos leve,
reviveremos como sempre, renascendo como o dia,
todos os dias...
Nosso amor é assim, amor até o fim...

p.s. Mas que fim! É apenas o começo.
p.s.ii. Hoje a noite tem luar e ela é toda sua...

Ecos

Meu grito contido em sustenido a propagar no vazio,
na espera do eterno retorno do vir a ser, em vão.
Na ausência de sons, soam somente ecos,
são somente ecos, tons dos desencontros.
No entanto, entre tantos perdidos te encontro,
sua fala sempre reticente a repetir:
'a gente se encontra! A gente se encontra!
A gente se encontra...'
Viajo na profundidade,
preso nas teias de uma doce prisão,
paralisado pela hipnose...
Em inércia contemplativa,
na esperança te espero.
Viajo e te espero.
Espero, espero e desespero.
E o medo a consumir, e o medo de ser,
e o medo de estar a alimentar as chamas de um incêndio,
labaredas a queimar toda uma floresta.
E o que me resta é esse calor, torpor dessa paixão,
que me leva a transformar em leve brisa,
leve como os meus passos no compasso
de uma certeza a te seguir.
São meus olhos que fogem nas asas do desejo
e sonham dançando na escuridão.

Isso é viver,
é pulsar,
é sentir,
é assim que aprendi a amar,
é assim que sei te amar.
A gente se encontra...

p.s. Vômito de um Domingo Obscuro, onde até certas decepções são bem-vindas.

Entrelinhas

Entre tantos,
desencantos,
entretanto,
aprender a voar.
Entre tantos,
eu, tu, eles e elas,
sobrevoar.

Gaivotas que amam o mar,
sabem que o mar é de quem o sabe amar.*

*Citação de um poema de Leila Diniz.

Entre tantos,
Ana...

Tenho um grande carinho por ti,
te adoro.
Seu jeito de ser
fascina na ação,
seu existencialismo prático de se jogar,
se contrasta com o meu,
meu jeito contido de ser.
Nos extremos somos
complemento de elementos,
um balançar,
no vai e vem,
entre risos e lamentos.
Compreendo sua linguagem corporal,
sua fala emocional.
Comunicação, identidade,
na sensibilidade,
falamos a mesma língua.
Sobrevivente entre tantos desencantos,
no entanto, entretanto,
risos...

Espirais

Olhares distantes,
o comum ícone da incomunicável
vitrine urbana.
Mesmo assim em seu olhar me encontro,
em meu olhar você se busca,
buscamos nós um sentido.
E perdidos ficamos a sonhar,
com tudo que nos falta nessa nau,
solidão... Só em meio a multidão...
Beija-flor,
de beijo em beijo,
beija a bela flor,
com a alma do amor encontrou...

p.s. O desejo...

Eu

Não sou eu quem escreve,
quem brinca com cores,
formas...
É minha alma,
a contar fábulas...
Relatos,
retratos,
as razões de um coração,
só ele sabe,
ver e viver a beleza...

Fã

Adoro
a forma com que colore suas verdades.
Pinceladas suaves nas delicadas passagens da luz
e complicadas sombras dos sentimentos.
Seu tom poético,
seu ser urbano.
Adoro
a sua música que é
você...

p.s. Para Adriana Calcanhotto.

Fases da lua

Existem fases,
faces da lua,
lua minguante,
nuvens escondem a luminosidade,
fase onde se fazem,
tristes poesias.
Aragem fria,
arrepios de melancolia,
olhar perdido na escuridão sem sonhos,
e o medo a assombrar a criança que somos.
E o que foi feito do sonho?!
Castelos de areia desfeitos na subida da maré,
desfez o desejo,
desfez o encanto,
desfez um conto,
desfez...
Rompeu um novo dia.
Nova fase,
fase da lua,
lua nova,
o sol trazendo claridade,
calor e cores,
refazendo o desejo,
o encanto,
o conto,
o sonho e
os castelos de areia.

Flores do mal

Através da janela
meu olhar vadio,
alheio ao mundo, procura no vazio
tudo que um dia preencheu,
encheu de flores, cores,
este pequeno jardim de plurais dos versos que fiz pra ti.
Já é outono,
folhas caem como lágrimas de saudades,
saudades de um verão onde encontrei com o seu sorriso.
Com o seu olhar...
... Meu universo sem você são plurais desconexos,
não formam versos...
Alta madrugada, atravesso a cidade com o olhar,
avesso a altura do 13º andar.
luzes suavizam a escuridão do meu sentir tão só
e cadê você?!
Piscam como pétalas de flores,
acendem e apagam aqui e ali,
malmequer, bem-me-quer?!
Pétalas em versos das flores do mal,
o mal de amar.
O meu mal é bem,
meu bem querer.

p.s. O amor é ópio coração...

Fogo-fátuo

Nas idas e vindas, nas voltas que o mundo dá,
girando, girando, vendo cada face,
cada fase da vida a passar...
Doce pássaro ligeiro, passageiro no tempo,
como areias ao vento, beija-flor paira no ar...
Paira no ar... Paira, para um segundo
para presenciar o belo,
um belo movimento,
o mais belo momento da transformação,
o nascimento...
Mistério da Natureza...
Um segredo que preserva
com a plenitude da beleza
e que somente ela nos reserva.
Na magia da criação pequenino ser surge num suave voo,
livre pra ganhar do céu todo o azul pra colorir.
Luzes! Câmera! Ação!
É pura fascinação! Asas têm a imaginação.
No detalhe,
a borboleta é quem tem o dom,
o dom de voar.
Mãe Natureza, alma do amor,
é a vida, vida a pulsar!
Nas idas e vindas, nas voltas que o mundo dá,
um minuto em silêncio.
De alguém que ainda tem olhos,
olhos pra se olhar...

p.s. 'Romântico é uma espécie em extinção...'

Girassóis

Gira sol nascendo leste, gira...
Gira sol se pondo oeste, gira...
A lua cheia desponta leste,
clareia a noite bela esfera,
leve e solta flutua...
Nos extremos,
o encanto do encontro se situa...
Círculos,
circulam na noite,
giram mundos...
Geram sonhos...
Coreografia de girassóis,
dourados e apaixonados...
Sol, o mesmo que ilumina a lua,
do ser,
poeta...

Infinito

O que sinto
talvez não seja
o que seja você realmente.
Mas o que sinto
não importa com o que seja você.
Pois o que sinto
é verdadeiro encanto,
é o que conta
e o que vale contar.

P.S. Você é beleza, Arte a me despertar...

Início

Dança o ventre,
passo a passo no compasso,
cresce.

Pequenino ser está.

Sonho de um par a realizar,
ainda não vive o seu sonho,
faz sonhar...

Liberdade é azul

Liberdade é
ser e estar,
viver e não pensar,
ser gaivota leve a flutuar...
Liberdade,
tem cor,
é céu,
é mar,
ser e estar azul...

Mais poesia

Tu és um sonho...
Tudo o que fiz e faço,
de fato é
é por saber que tu és
tudo o que desejei um dia encontrar.
Alguém como tu,
que me deixasse assim,
assim de pernas para o ar.
sacudindo de vida a minha vida,
vindo na contramão,
cravando as unhas no meu coração.
coração sangrando reticente,
vertendo para um mar de rubras rosas.
Flores,
são versos das minhas falas contidas,
gestos que não calam até te provar que é amor,
tudo isto o que sinto.
Este meu mal de tanto te querer bem.
Tu és um sonho,
és o meu sonho,
és viver, és vida e a vida
é sonho...

P.S. Deixa eu sonhar...

Miopia

Vejo harmonia nas formas,
nas cores, ritmo na música, sentido na poesia.
Mas só agora estou conseguindo
equilibrar sentimentos,
valores estavam distorcidos,
queria dar harmonia e desafinava,
utopia...
Algo sempre esteve errado,
minha visão é que
insistia em não querer ver o óbvio.
Reavaliar e aceitar o erro
para sentir o eu,
verdadeiro.
No início causa náusea
pelo vinco que ficou e o
vínculo que se perdeu.
A tontura passando,
e o que vejo hoje é mais atraente
do que viver à beira do abismo,
o que antes achava ser paraíso...

Não se brinca

Não se brinca com o amor.
Deveria se saber pelas velhas histórias,
nas canções, que os séculos escreveram páginas.
Um delicado sentimento extremo
do jogo perigoso que o tempo pode matar,
não se brinca com o amor.
Alimentar o desejo, parcelar em prestações
as chamas da paixão crescente,
esse objeto do querer, de um ser,
que não duvida do que é capaz, por sonhar.
Sonhar... na escuridão que chega no pôr do sol
ao se despedir do dia.
A natureza é constante e se repete
metodicamente sempre,
não se brinca com o amor.
Brincadeira inconsequente, inconsequente?
Mas não para quem sente,
as consequências são cicatrizes
tatuadas no coração de quem ama.
Como um grande amor,
tratado pela indiferença de alguém
que se esconde por trás das lentes desfocadas
de uma máquina fria, mecânica.
Ouço o clique seco, disparo do gatilho de um revólver,
estampido ensurdecedor de palavras cruéis,
de tão intensos, fatais.
E do encanto, o que foi feito?
Só o amor conhece a verdade, é a vida que pulsa,
paira sereno como o voo suave da gaivota,
leve muito leve.

Breve é a vida para tanto ressentimento
no livro das mágoas,
e amar justifica atos, todos.
De um e de quem não compreendeu também...
Na soma restaram páginas poéticas de um ano de amor,
de um grande amor... E o tempo? Passou... E o amor?
Vive...
A natureza é constante
e se repete metodicamente sempre,
amanheceu...

Nau frágil

Amar,
nau à deriva.
Senti-lo é domínio do abstrato,
razão perdida.
Estar só nos altos e nos baixos,
plano de um futuro provisório,
ilusório.
Delírio de bêbado cambaleando nas ideias,
sonhando que ainda possa existir,
nas mãos trêmulas tal qual adolescente,
algo que só existe nos corações puros.
Devaneios, indagações, vertigem,
em compasso de espera há esperança,
sofrimento de quem vive em descompasso,
pela distância absoluta das almas paralelas.
Como o céu e o mar,
tão azuis e, no entanto,
tão distantes...

Noite estrelada

Ser apenas um ser,
estado de um mal-estar,
humanamente restrito.
Olhar distante,
envolto no véu da abstração,
ali o verbo só aproxima sem chegar,
nem mesmo existe o suspiro de uma rima perdida.
Ausência... Ausência de formas, ausência de cores,
ausência de sons, ausências...
Só a presença imperceptível
de uma discreta lágrima que cai.
Das celas de uma prisão,
par de olhos fogem nas asas do desejo
e sonham dançando na escuridão.
Sob o domínio da sensação o sentir está,
natureza primeira dos sentidos, tece novo contorno,
novo roteiro com os fragmentos do velho mundo
condenado onde tudo morreu.
Retorno à origem que traz de volta à tona a emoção,
tradução do sentimento que justifique
o resgate de uma vida.
Das celas de uma prisão,
par de olhos fogem nas asas da liberdade
e ganham do céu
a Noite Estrelada de Vincent.
Entre tantos desencantos, desencontros,
e no entanto ainda encontro um sorriso,
ainda resta um sonho,
uma razão para viver.
P.S. Amor...

O tempo

No movimento dos ponteiros a girar,
as horas correm, escorrem sem retornar...
O tempo é absurdamente indiferente,
passa simplesmente.
...As luas contam as fases,
vidas por virem no riso eternamente criança,
se multiplicando e ecoando
pelas quatro estações dos anos.
E o tempo às vezes passa repentinamente...
Noutras em espera nada de novo acontece,
repetido na rotina desgastante
tão absurdamente igual.
Mas não é o tempo o ladrão que leva
sem ser vista a vida,
foi a criança que cresceu e se esqueceu do encanto
que a surpresa traz.
Ser criança é brincar de viver,
irreverente e indiferente ao tempo
que passa,
como a mágica que faz sair o coelho da cartola.
Essa é a magia onde o tempo,
não passa...

Por entre olhares

Aqui estamos...
No caos da cidade cinza,
desbotando na velocidade dos pés apressados
nos sapatos que cruzam avenidas.
O destino é fato, aqui estamos.
Frente a frente, eu e você,
de olhos nos olhos
tradução das entrelinhas onde nasce a poesia.
À flor da pele
algo intensamente arrepiar na minha pele sinto,
é o teu olhar, é o teu amor a me tocar.
O teu olhar atrevido é exigente, prende, não me solta,
e eu, nem resistir desejo.
Sem palavras meu coração se rende, rompe o silêncio,
responde e corresponde.
E bate forte, muito forte,
quebra o compasso da rotina das batidas sem emoção.
No caos da cidade cinza,
desbotando na velocidade dos pés apressados,
nos sapatos que cruzam avenidas,
aqui estou eu,
feito criança...

p.s. Estou feliz...

Pós-moderno

Sua armadura,
pesada angústia,
agressiva imagem,
não esconde seu vazio,
de tão cheio que está,
desespera...
Seu compasso,
perfeito ritmo
do marginal mundo
condenado imperfeito,
onde há morte...
A vida é renascer,
começar do nada,
tudo,
um novo tempo,
templo de paz alcançar...
Dos fragmentos do amor despedaçado,
recolher cacos sem sentido,
só sentindo faz montar o quebra-cabeças,
afeto adormecido...
Com todos os sentidos em um...

Preto

Quando meus olhos procuram
e não te acham,
um eco volta da ausência, não há cor,
não há forma,
deforma,
não há sentido,
tudo perdido...
Exagero em ser,
apenas um ser,
seduzido pela luz da lua,
voar,
voar até desfalecer em prazer,
só por te ver...

p.s. Será Arte?!

Ratos e restos da infância

Pequeninos remexem,
lixo...
Se confundem,
Se camuflam em meio ao lixo...
Brincam anjos caídos, não!
Jogados fora...
Restos da prosperidade,
pobres viventes,
sobras viventes,
e quem se importa?!
Sobrevivem...
Cinza céu,
possibilidade ainda assim,
todas as cores do arco-íris,
sonhar...

Reciclar vidas

Do luxo restou lixo.
Lixo de um nicho,
onde o bicho homem
se transforma em verme.
Sem mais objetivo,
o motivo hoje são as sobras,
sombras de um sol,
em ausência de cores...
Cinzas das fuligens fétidas,
brasas a queimar os dias,
as noites e as esperanças
de um mundo perfeito...
Reciclar,
reverter imperfeições,
transformar em sonhos,
as sombras,
as sobras,
sobreviver...
Sobreviver,
até um dia chegar a saber,
o que é viver.
Restaurar,
a sua vida,
a minha vida,
as nossas vidas,
reciclar,
Vidas...

Segundos

Teu olhar me prende,
nem resistir desejo,
releitura de uma sincronia
do desejo atemporal,
não casual,
nosso...
Um passageiro momento cristalizado,
fragrante aroma,
desejo possível,
fatum...

Singular

Falas do amor em versos vários.
Tatuados na memória da pele em sensações,
impregnada com todas as cores do arco-íris,
pinceladas suaves na delicada pele do desejo,
de tocar como um beijo.
Só restaram os versos tatuados
nas folhas caídas ao chão,
vento sul,
outono estação se foi.
Que pena!
Inverno chegou,
esfriou até meu coração.
Recolher, adormecer, esconder do frio,
até sentir o sol de primavera
e poder rever as cores das flores,
assim esquecer as dores de um amor,
houve um verão.
Falas do amor em versos,
entre tantos plurais,
e no entanto um amor tão singular...

Sol de primavera

Amor,
o motivo emotivo para não desistir e continuar,
persistir em querer buscar,
algo mais além do vulgar,
o raro.
Existe cumplicidade, olhares.
Insiste na confirmação, gestos.
Resiste, só quem ama crê,
no impossível transformar,
o desejo conquistar.
Linguagem da sedução, magia de almas,
sincronia passional natural,
pura essência da natureza
humanamente bela e adormecida.
Sol de primavera,
reencontro do sentido,
derretida a neve revela
fatos, fotos de um filme,
nas cores saturadas das flores, mortas.
Relatos sutis de sonhos,
um dia cheios de vida,
penso em você...

Sua flor...

Falar de ti é ficar em silêncio.
Congelar o tempo,
num momento de contemplação.
Milhares de milhas navegar.
Por entre os reflexos das cores,
Arco-íris, chuvas de verão, navegar.
Alegria das cores vivas, velas ao vento, calor,
suor, raios solares.
Falar de ti é falar do mar.
Falar de ti é refletir sobre a vida,
é falar de amor, do meu amor.
É o olhar no infinito,
se encantar com o céu onde estão as estrelas,
que clareiam meus sonhos.
Sonhos cheios de desejo
que envolvem as noites de uma lua cheia de fases.
Falar de ti é falar de amor, do meu amor.
Falar de ti me faz existir e ser eternamente sua,
a sua flor...

Talvez uma árvore

Raízes firmes fincadas,
galhos se estendem
ao céu...
Folhas,
flores,
fruto,
luto,
socorro talvez...
E quem sabe?!
Amanhã?!
Talvez uma árvore,
na memória...

Ultrajes

Corre noite,
escorre, se desespera...
Num delírio poético,
no limite,
a morte está...
Esvaem-se as horas,
enfim, não basta,
atravessa madrugada,
mais e mais apavora a manhã,
que chega.
Grita sol,
ai que dor!
Patética ressaca,
um filme, uma cena, close!
Caída, desmontada, baqueada,
está um Ser,
ao lado de um gritante e estonteante
boá azul turquesa...

Uma drag, eu e um espanhol

Noite paulistana...
Desfila Abajur, drag escândalo,
num coletivo com destino Pompeia.
Desce na mais paulista das avenidas,
para tudo! Pura perplexidade!
Cativa pelo inesperado, pelo inusitado,
na elegância brilha nos seus dois metros e tantos.
E aííí! Onde é a festa?!
A festa é onde estiver, a festa é onde tiver gente,
a festa é no coletivo, no metrô, na avenida,
promoter das feiras, cafés, bares e boates,
e porque não, em um casamento?
'Amor I love you...'
Descendo a rua, escoltando as duas cabeças,
eu, também artista plástica e poetisa, não um plástico.
Subindo a rua está um ser, na aparência comum,
se não houvesse arte no encontro,
seria mais um na multidão.
Assustou-se em princípio o Espanhol Alfonso, pensou:
'Que se passa?!
Uma drag em meu caminho?!
Encontrei Almodóvar, em SP?!'
'É PURO TEATRO', daria um filme tranquilamente...
grande encontro de cabeças,
na sensibilidade que emociona,
é a mesma raiz universal,
que a Arte expande e aproxima no coração,
o sentimento de quem paira por vários mundos...

Vida urbana

Muitos olhos
que correm
e veem,
nada...

Poucos olhos
que param
para ver,
viver...

Sol & lua

Nessa passagem só de ida,
sentimos muitas vezes solidão,
seria pior sem emoções.
Traços traçados,
achados do destino,
reconstroem os destroços das decepções.

Sobreviver aos desertos,
do pessimismo,
do niilismo,
só resgatando esperanças perdidas...
Só a beleza natural
como o Sol e como a Lua
não constrangem,
contagiam,
aquecem a vida,
toda a vida.

Todo o sentido em não desistir
e resistir aos medos,
viver a verdade das paixões e sobretudo,
mais do que tudo,
com Amor.
Ou melhor,
como um colo de Mãe e de Pai,
Terno e Eterno.
O Amor Maior.
Pai e Mãe deveriam ser Eternos...

Da sua cor

Não sei bem quando foi que me perdi,
se aos poucos ou se de repente.
Acho que foi de tanto ver o seu sorriso,
que comecei a ficar refém do seu olhar,
porque é lindo de se ver e se perder contigo.

Viajei... Para um mundo de cores,
que eu jamais poderia imaginar.
E, quer saber?! Eu não mais quero voltar.
Quero apenas viajar e sonhar
com todos os beijos que eu quero te dar.
Foi assim que me tingi com a sua cor,
só para ficar mais perto do seu coração.

Quanto mais me prende, mais livre eu sou.
Porque tudo que eu amo
é assim meio contraditório.
Mas, para onde vai com tanta pressa?!
Corre, corre feliz para o infinito.
Será? Que um dia vou conseguir te alcançar?!
Só sei que estarei esperando você chegar.
Todos os dias...

Crazy for you

Ah! Quando você me baniu da sua vida,
confesso que fiquei sem rima,
sem norte, desnorteada.
Eu vi o quanto é ruim
gostar de alguém que não gosta de mim.
Mas, desistir?
Nem assim...

As palavras não falam mais que atos,
era o que eu pensava.
Você calou a minha voz,
só não conseguiu calar isso que eu sinto.
Pra calar precisava das suas palavras,
palavras que você não consegue me dizer.
Mas, por quê?!

Hoje, eu sei por que foi.
Foi por causa desse seu sorriso triste
que me comove,
que move e me leva a fazer o que faço,
só pra algum dia poder ver,
um sorriso seu de felicidade.

Por mais que as evidências sejam claras
de que eu deveria desistir,
existe um lado tão abstrato onde
ouço seu coração dizendo assim:
'por favor, não desista!
Só queria ver se você
gosta mesmo de mim...'

Quer saber de uma coisa?
Se uma vida é pouca
eu tenho a eternidade pra te convencer
do quanto eu gosto de você.
Só alguém assim como eu,
crazy for you...

Eu vou te perdoar

Eu vou pedir perdão
pelo que eu não sei do seu coração.
E vou te perdoar pelo que você me fez doer,
pela parte que não sei sobre você.
Eu não entendi que a mentira
era o refúgio das suas tormentas.
Em um labirinto onde ficou
sem nunca mais encontrar saídas pra sua vida.
Você me pediu socorro e eu não soube te ouvir.

Num labirinto de mentiras,
a verdade escapou pelas entrelinhas das minhas mãos.
Perdão
se eu não consegui traduzir
o lado obscuro do seu coração.
Mas, posso dizer que amei quem eu conheci
antes e mesmo depois do juízo final.
Eu sei que me amou de verdade
nos seus delírios de realidade.

Às vezes, valem mais sete dias na vida com intensidade,
do que uma vida toda de dias mornos
e cheios de tédio sem ter mais você do meu lado.
Perdão
se eu não consegui traduzir
o lado obscuro do seu coração...

Uma flor

E, no meio desse labirinto de mentiras por onde andei,
ainda assim consegui plantar poesia.

Ela floresceu...

Mesmo que tenha sido apenas nos meus sonhos,
foi assim de corpo e alma que
floresceu uma flor chamada amor.

Uma flor rara e delicada de beleza sublime
e de perfume inesquecível.
A sua aparição foi breve, muito breve.

Eu vi e senti o paraíso e o inferno.
E como foi triste vê-la partir.
Mas, pra quem consegue sentir o seu perfume,
'jamais a esquecerá.'

A rosa

Quase todos os dias,
passava pela rosa e não a percebia.
Foi assim dia após dia, durante meses e meses...
A rosa, invisivelmente desprezada.
Mas, saiba linda flor
que foi absolutamente sem querer.
Mesmo porque nem todos possuem
o privilégio de te ver.

E a rosa que não se conformava
com tamanha cegueira,
um dia se encheu de razão
e invadiu esse corpo e essa alma,
se instalou e desabrochou dentro desse peito meu.
Ter no peito uma rosa e
se tornar prisioneiro de um encanto,
encanto esse que surgiu assim
de uma hora para outra e do nada.
Esse foi o castigo de alguém
que não teve a capacidade de notar a vaidosa flor?!
Não! Isso jamais será um castigo.

Sua beleza não é sempre doce,
faz sangrar os seus espinhos quando me tocam.
Mas, não tenho como fugir porque você me escolheu
e eu sei que se um dia te enxerguei é porque
eu suportaria os seus dias de cactos,
os seus dias de cansaço e não iria brigar
e sim ser o seu abrigo.

Linda rosa, carrego você comigo,
carrego você aqui no meu coração.
Pétalas das flores do mal de amar, o meu mal é bem.
Meu bem querer!

Áries e gêmeos

Vi a tarde ir-se embora voando,
até o sol se recolher.
Ao cair da noite finalmente você chegou,
dando fim a minha ansiedade de olhar os ponteiros,
de contar cada minuto.

E ali estava você do outro lado da rua.
Pensei: é o amor da minha vida!
Seu olhar me achou,
você de corpo e alma.
Passado, presente e futuro,
Sublimados em uma única palavra:
saudade.

E que saudade iria eu sentir depois desse dia!
Saudade dói, adoeci.
Guardo cada instante:
seus gestos, seu olhar, suas palavras,
estão aqui, dentro de mim.

Guardo o abraço forte que eu te dei,
o beijo que não roubei,
sua mão na minha mão,
querendo ficar um pouco mais.
O seu olhar não dizia que seria a última vez.
O seu sorriso traduzia:
estou feliz!
E você é a causa do meu sorriso.
Seu olhar dizia:
eu vou voltar! Eu vou voltar.

Sei que nada era despedida.
E você roubou meu coração
e eu nem percebi.
Mas, fica com ele, pois
ele é todo seu.

P.S. Com todo meu amor

Fase difícil

Tem coisas que começam e terminam sem respostas,
difícil é aceitar.
Como a esperança que não quer deixar
essa doce ilusão acabar.

Depois de tudo...
Não tem como não rir das coisas que a gente faz
e das coisas que a gente diz, sem pensar.
O pensamento voa, até perder o chão.

Exagerado...
Porém, não foi por capricho que fui parar
nesse território desconhecido,
chamado coração.

Não sei o que você tem que mexeu tanto comigo,
tem coisas que só a alma sabe explicar.
Você envolveu os meus sentidos,
pegou um coração desprevenido.

Difícil entender porque acabou,
mais difícil ainda é aceitar
que talvez, você não tenha gostado tanto assim
de mim.

Queria que me entendesse.
Eu duvidei, desacreditei, mas, não foi de você.
Tem horas que tudo parece ilusão,
e o amor ficou ferido diante das desilusões.

Você é especial para mim.
Foi você que me fez sonhar, numa fase meio ruim.
Encontrei a pessoa certa na hora errada.
Eu sei que errei, o tempo me acalmou.

Acho que cupido também erra,
ou será que ele só queria brincar?
Vai ver é ainda apenas um aprendiz.
Eu também sou aprendiz, aprendiz do amor.
Queria que me entendesse.
Se eu errei foi sem querer,
errei querendo muito acertar.

Doce ilusão

Essa alquimia de sensações
que mexe tanto comigo.
Você me faz sentir borboletas no estômago.
Você veio assim, do meio do nada.
Com palavras, palavras e mais palavras,
e eu fui caindo.

Não tive como não resistir,
a esse seu jeito de falar e de encantar.
De seduzir e de roubar um coração.
O meu coração não consegue ser ateu, perto do teu.

Se um dia você sofreu por amor e se perdeu.
Eu também já sofri e me perdi.
Mas me achei desde o dia em que te conheci.
Não sei mais se é sonho ou realidade.

Você caiu dentro da minha vida.
E me despertou dizendo:
'eu te amo!'

Como é doce...

Se for mentira eu nem quero pensar,
essa noite eu quero apenas sonhar.
Segure na minha mão, vem comigo!
Não me solte.

Quando amanhecer,
eu quero ainda estar com você.
Quero estar sempre onde você estiver.
Sou só de você e você, só de mim.

Já foi escrito há tanto tempo
e o vento nunca levou.
O nosso destino é sermos eternamente um,
um grande amor.

É doce...

Como é doce ter você dentro do meu coração.
Sempre assim, juntinho de mim.

Amanhã e depois

E foi nesse turbilhão.
Sem tempo pra pensar e pensando bem você me disse:
'pensar pra quê?!'
Quando parei pra pensar te censurei, logo eu?
Foi assim que perdi.

Sem tempo, não deu mais pra saber.
O que será que seria desse sentimento novo,
e ao mesmo tempo tão antigo?
Pior que perder um amor
é perder a ilusão.

É ter que me refazer,
ter que me despir de você.
Eu agora sem você.
Você que me trouxe de volta
algo que eu tinha esquecido,
sonhos que ficaram enterrados,
restos do que um dia foi
a promessa de um grande amor.

Pior que perder um amor
é perder a ilusão.
Passei a viver o hoje,
sem vontade de saber se existiria o amanhã,
queria ter te compreendido melhor,
queria ter te conhecido melhor.

Por impulso acabei errando,
quando menos podia,
eu errei.
Se existir tempo ainda,
eu vou te esperar.
Enquanto isso eu vou vivendo,
coisas que um dia deixei de sonhar.
Hoje consigo ver mais além.
Posso ver nós dois juntos amanhã.
Amanhã, e depois, e depois, e depois...

Pétalas

Quando um dia você olhou pra mim,
eu não te olhei.
Nem tão pouco ouvi a sua voz e nem
o que diziam as suas palavras.

Eu me encontrava distante, em outro lugar;
porque às vezes, a gente crê!
Acredita que pode e cultua flores
que jamais florescerão.
Foi assim até o dia que vi aquele rosto
e senti quão feia era a sua alma.
Um sopro frio congelou um coração
cheio de amor.

Enquanto isso você falava tanto,
com tanta intensidade.
E o que para mim havia se tornado amargo e frio;
na sua boca o Amor era tão doce,
tão doce e ecoava pela eternidade.
Foram dias, meses...
Das palavras repetidas religiosamente,
e eu, resisti.
Até viciar na droga desse seu amor.

O que é verdadeiro permanecerá
guardado, puro e intocável.
Foram dias que valeram a felicidade
de uma vida inteira.
Fomos incondicionalmente felizes,
isso foi o que existiu de mais verdadeiro.
E se a minha vida tivesse acabado
naquele momento,
teria sido um fim perfeito.

Mas, não foi assim.
Do nada se instalou o caos e foi devastador.
Foram arrancados sem piedade
e levados pra dentro de redemoinho
onde ficaram prisioneiros.
Lá dentro ficaram todas as suas palavras
a Eternidade, os Planos, os Sonhos, o Amor...

E o Amor, para onde terá ido?!
De repente órfã da felicidade,
de mãos dadas com um vazio inexplicável;
como quem se vê diante da morte.
Eu conheci a Dona Morte.

Quando um dia eu finalmente
olhei para você,
você, não estava mais aqui.
Pétalas de flores amarelas esparramadas
pelo chão, ficaram na memória
do meu coração.
Da minha Flor, cheia de Amor.

Saudade

Tem dias que nem me lembro,
mas, tem dia que parece me chamar.
Entra e fica no meu pensamento.
Às vezes por alguns segundos e some ligeiro,
feito um beija-flor.
Noutros, o dia todo me faz companhia a sua ausência.

Tem dias que nem me lembro,
mas, tem dia que parece me chamar.
Não sou eu quem quer pensar.
Foi você quem deixou um pouco de você,
aqui dentro de mim...
Foi breve e rápido, sem, no entanto, ser efêmero.
Na intensidade você continua a percorrer comigo
os meus dias e as minhas noites.

Não... Não tem nada a ver com melancolia.
É só saudade...
Bem que você podia sair do meu pensamento,
e voltar a fazer parte da minha realidade.
Só assim acabava com essa saudade
que eu sinto de você...

Voejar

Faz meses que estou em queda
livre de você.
Não sei bem se me joguei,
ou se a vida me jogou.
Só sei que onde o amor não está mais,
não vale mais a pena ficar...

Amor de um não forma dois,
não soma mais.
Faz meses que estou em queda livre...
E foi de tanto cair que aprendemos a bater as asas.
Foi assim que aprendemos
a voejar...

Índice de poemas

- 13 Amanhã
- 14 Amor da minha vida
- 15 Artistas
- 16 Autistas
- 17 Cia. de amigos
- 18 Cinzas
- 19 Crisântemos
- 20 Deixe ser
- 21 De repente
- 22 Desejos
- 23 Dias de sol
- 24 É
- 25 É assim
- 26 Eu gosto de você
- 27 Eu sei
- 28 Eu sou
- 29 Eu te amo
- 30 Fim
- 31 Foi assim
- 32 Hoje
- 33 Inversos
- 34 Love story
- 36 Letícia
- 38 Mais uma vez
- 39 Mariana
- 40 Meu jeito
- 41 More
- 42 Nascemos um para o outro
- 43 Nem tudo passa
- 44 Novas rimas
- 45 Nuvens
- 46 O ciclo

47	O nosso amor
48	O que me faz feliz
49	Passos lentos
50	Primavera
51	Princesa
52	Prisões
53	Quanto
54	Quase
56	Quase verde
57	Quem ama...
58	Quem diria?
59	Queria te dizer
60	Revés
61	Segredo
62	Sentidos
63	Simplesmente
64	Só
65	Stand by
66	Um
67	Uma estrela
68	Um querer
69	Abajur
70	Abstração
71	E agora um de repente
72	Alma
73	Almas paralelas
74	Amor inventado
75	Arco-íris
76	Arte
77	Arte em ser
78	As árvores
79	Bela da noite

- 80 Bonsai
- 81 Borboletas
- 82 Cena I
- 83 Cores extintas
- 84 Crime
- 85 Crônica de uma saudade
- 86 Deserto
- 88 Dancer in the dark
- 89 Ecologia
- 90 Dois
- 92 Ecos
- 94 Entrelinhas
- 95 Entre tantos, Ana...
- 96 Espirais
- 97 Eu
- 98 Fã
- 99 Fases da lua
- 100 Flores do mal
- 101 Fogo-fátuo
- 102 Girassóis
- 103 Infinito
- 104 Início
- 105 Liberdade é azul
- 106 Mais poesia
- 107 Miopia
- 108 Não se brinca
- 110 Nau frágil
- 111 Noite estrelada
- 112 O tempo
- 113 Por entre olhares
- 114 Pós-moderno
- 115 Preto

116 Ratos e restos de infância
117 Reciclar vidas
118 Segundos
119 Singular
120 Sol de primavera
121 Sua flor...
122 Talvez uma árvore
123 Ultrajes
124 Uma drag, eu e um espanhol
125 Vida urbana
126 Sol & lua
127 Da sua cor
128 Crazy for you
130 Eu vou te perdoar
131 Uma flor
132 A rosa
134 Áries e gêmeos
136 Fase difícil
138 Doce ilusão
140 Amanhã e depois
142 Pétalas
144 Saudade
145 Voejar